SAINT FURSY

PATRON DE PÉRONNE

SERMON

PRONONCÉ DANS L'ÉGLISE SAINT-JEAN

LE 16 JANVIER 1887

SAINT FURSY

PATRON DE PÉRONNE

IMPRIMERIE LUD. CRÉTY, A PÉRONNE.

SAINT FURSY

PATRON DE PÉRONNE

———

SERMON

PRONONCÉ DANS L'ÉGLISE SAINT-JEAN

LE 16 JANVIER 1887

———

A

MONSIEUR L'ARCHIPRÊTRE

DE PÉRONNE

L'Abbé H. BLANDIN.

Mes Frères,

Le VIIe siècle, où vécut saint Fursy, fut pour l'Eglise, dans ce royaume en formation qui devait s'appeler la France, un siècle fécond en travaux apostoliques. La sève catholique fit alors s'épanouir une foule d'établissements pieux, d'institutions de secours, les maisons épiscopales de charité et les écoles monastiques. Cette floraison rend on ne peut plus intéressante la période mérovingienne de notre histoire.

Sur les ruines du monde païen s'élève une société nouvelle, ayant à sa base le *Credo* et le Décalogue, ce double code de la conscience et de la vie. Personne n'ignore plus aujourd'hui quels ont été les meilleurs ouvriers de l'édifice. De l'aveu des historiens de bonne foi, le principal honneur en revient aux évêques qui, en convertissant les peuples, ont fait succéder à des mœurs demi-barbares les avantages de la civilisation. En ce temps-là, rois et évêques, associés dans une commune action religieuse et patriotique, travaillaient au bonheur spirituel et temporel de leurs sujets, en leur enseignant la règle du devoir et les scrupules de l'honneur (1). Si même, dans l'orgueil de la puissance, un prince venait à oublier la justice, les admonitions d'un Grégoire de Tours suffisaient à le convaincre et à le fléchir.

Oui, mes Frères, époque difficile sans doute mais glorieuse, celle où vécut le saint dont le culte nous rassemble en cette fête et qui ne nous paraît pas le moins grand dans cette phalange d'apôtres et de confesseurs, pontifes ou abbés, où notre reconnaissance aime à saluer les Léger, les Fortunat, les disciples de S¹-Benoît et de S¹-Colomban, et, plus près de nous, les Germain, les Honoré, les Sauve, les Aubert, les Eloi : magnanimes artisans de la France chrétienne, intrépides sauveurs d'âmes qu'aidaient de leurs prières et de leurs aumônes les Austreberte et les Odile et surtout les Clotilde, les Radegonde et les Bathilde, douces figures de reines, pâles sous la couronne d'or.

Avant de retracer la vie de saint Fursy, évêque et abbé, et d'en tirer les leçons qu'elle comporte, disons ensemble, mes Frères, la prière accoutumée : *Ave Maria.*

Issu de deux familles princières d'Irlande et de parents récemment convertis au christianisme, Fursy donna dès l'enfance les promesses d'une sainte vie en faisant servir les dons de Dieu et sa science des lettres divines et humaines à la conversion de sa famille et de ses compatriotes.

(1) A. Thierry. *Récits mérovingiens.*

Comme beaucoup d'Irlandais de son temps qui, après avoir prêché l'Evangile dans leur pays, s'en allaient vers d'autres contrées, il vint sur le continent, non sans avoir semé la bonne parole en Angleterre. La Picardie lui offrit une large hospitalité. Il se fit des amis du gouverneur du Ponthieu, Haymon, et du maire du palais Archambaud. Leur estime pour le serviteur de Dieu était si grande qu'ils se disputèrent sa dépouille. Ce n'est pas vous, mes Frères, qui oublierez ce débat légendaire dont l'issue vous a été si favorable.

Ainsi qu'il avait fait en Irlande et en Grande-Bretagne, Fursy bâtit en France des monastères. Celui de Lagny, grâce aux règles et aux exemples de son fondateur, devint un modèle de perfection religieuse. Entre temps, le pieux abbé visitait les églises où il avait fait des missions. Il exécuta aussi le projet d'aller à Rome où il fut institué évêque régionnaire. C'est pourvu de cette dignité qu'il reprit ses courses évangéliques, parlant aux riches et aux pauvres, aux ignorants et aux savants, le langage qui leur convenait.

Telle apparaît dans ses grandes lignes la vie de saint Fursy (1). Jetez sur cette trame le fil de vos souvenirs, les vives couleurs empruntées aux anciennes chroniques et vous ne pourrez qu'être fiers et charmés d'avoir pour protecteur au ciel un des plus infatigables et des plus merveilleux promoteurs de la foi catholique dans nos contrées.

Aidé de ses deux frères qui partageaient ses labeurs et devaient être, eux aussi, placés sur les autels, il poursuivit sans trêve la conversion et la sanctification de vos ancêtres. Sa parole, ses vertus, ses miracles ravissaient et entraînaient les populations. A sa voix les pêcheurs quittaient leurs cabanes et les filles des rois leurs palais. L'exemple de ses austérités impressionnait fortement ceux qui en

(1) E. de Sachy. *Essais sur l'Histoire de Péronne.*

étaient les témoins. Qui d'ailleurs n'eût subi l'ascendant de ce thaumaturge qui, favorisé de visions, de révélations extraordinaires et d'extases, délivrait les prisonniers, guérissait les malades, terrassait les démons et ressuscitait les morts ?

De tels hommes, mes Frères, n'ont pu que laisser après eux une mémoire honorée et durable. On comprend que les rois soient venus s'agenouiller sur leurs tombes ; qu'on ait bâti des temples pour abriter leurs restes ; que des fondations devenues célèbres aient germé de leurs ossements ; qu'on les ait portés en triomphe, ces ossements tutélaires, aux jours des grandes joies comme aux jours des grandes calamités et que ces honneurs publics se soient perpétués à travers le temps et les révolutions.

Ah ! qu'ils sont rayonnants dans l'histoire, dans la poésie et la sainte liturgie, ces justes aimés de Dieu et des hommes !

Les imagers du moyen-âge nous les montrent tantôt agenouillés sur les dalles de leurs monastères, tantôt cheminant, la sandale aux pieds, le bâton à la main, aussi légèrement que pauvrement vêtus. On les voit qui s'en vont, calmes et radieux, ayant au front le reflet divin d'une vie toute passée dans la prière et dans la charité : car ils n'étaient pas de ceux qui dévient ou qui trébuchent dès que la voie devient difficultueuse.

Jusqu'aux poètes douteurs de notre siècle qu'a inspirés le souvenir de ces grands caractères, tendres comme une mère devant les faiblesses, braves comme des lions devant les puissances :

> Ils étaient aussi doux qu'un verset d'Evangile
> Murmuré dans la nuit par un pauvre qui dort ;
> Ils étaient aussi doux qu'un beau vers de Virgile ;
> Ils parlaient aussi bien que saint Jean Bouche-d'Or.

Quand ils ouvraient leur main et leur âme loyale,
Leur front resplendissait d'une austère beauté.
Ils avaient dans la marche une aisance royale,
Souverains de la grâce et de la majesté.....

Ils auraient eu chez eux tout l'or de l'Australie,
Qu'ils auraient tout donné du jour au lendemain :
De la miséricorde ils avaient la folie,
Et l'or par tous les doigts s'échappait de leur main. (1)

Et l'Eglise, entendez-là, mes Frères, dans les strophes de ses hymnes : aucune louange ne lui paraît excessive dès qu'il s'agit d'exalter ces hommes « pleins de gloire ». Pour ne parler que de saint Fursy, on dirait que la terre rivalise avec le ciel pour le combler d'honneurs et le célébrer par des chants et des panégyriques. Elle nous le fait voir rempli des dons de la grâce, rendu illustre par ses nombreux miracles, puis revêtu de la robe de gloire. Ce fut un phare, nous dit-elle, à la faveur duquel les âmes ballottées trouvèrent l'entrée du port. Elle vante sa foi, plus noble que sa naissance, le compare au Précurseur, au divin Sauveur lui-même, car il grandit comme lui en âge et en sagesse, depuis sa naissance jusqu'à son entrée dans la béatitude, où l'escortent les anges qui l'avaient instruit et gardé ici-bas et qui l'introduisent enfin dans la joie du Seigneur au milieu des suaves harmonies du céleste séjour. *Laudemus viros gloriosos.* Unissons nos louanges à celles de la sainte Eglise et répétons après elle cette antienne d'éloge et de supplication : « O Pasteur admirable, docteur de la vérité, règle de justice, gloire du Vermandois, espérance et amour de notre patrie, obtenez-nous grâce pour nos péchés et part à la félicité des saints » (2).

(1) André Lemoyne. *Roses d'antan.*
(2) Office de saint Fursy.

A l'admiration pour les œuvres de notre saint nous devons joindre, mes Frères, l'imitation de ses vertus ; car, vous le savez, un patron n'est pas seulement un protecteur mais un modèle.

Je pourrais me contenter d'une leçon générale et vous dire : saint Fursy a bien fait tout ce qu'il avait à faire ; nous aussi, chacun dans notre état, faisons de notre mieux ce que le devoir nous commande ; comme lui, vivons et agissons dans la crainte de Dieu et l'observation de sa loi, pour sa gloire et pour notre salut, et, comme lui, nous deviendrons des saints.

Mais je veux tirer de sa vie deux enseignements particuliers, l'un relatif à l'étude de la religion, l'autre concernant l'esprit chrétien, deux choses dont l'altération est si préjudiciable à la société contemporaine.

Un écrivain dont les livres ont mis en branle depuis vingt ans des millions de pèlerins (1), analysait tout récemment les causes qui ont étiolé à la longue le tempérament catholique, et ont amené l'alanguissement de la foi, l'attiédissement du zèle et même les déviations de la piété. Et il indiquait comme un des remèdes à cette anémie d'un grand nombre le retour des familles à la lecture quotidienne de l'Evangile.

Le conseil me paraît sage, mes Frères, utile à recevoir et à répandre surtout au moment où des lois restrictives ne permettent plus à l'Evangile d'entrer dans les écoles. Eh ! bien, oui, que le livre chrétien par excellence, renvoyé de l'école, revienne à la maison plus respecté, plus sympathique et plus aimé. Qu'il y soit plus régulièrement lu, plus fréquemment médité, plus sérieusement approfondi. Que les livres de piété, si bons soient-ils, le cèdent au

(1) M. H. Lasserre.

divin récit, à cette nourriture si substantielle, si pure, si forte, si vivifiante, d'un charme si pénétrant et si indéfinissable. Qu'il ait la première place dans nos bibliothèques et sur nos tables. L'Evangile n'est-ce pas une lettre venue du Ciel, nous donnant la nouvelle du salut et nous en indiquant le chemin? Où trouver ailleurs les immortelles paroles de la vérité et de la vie?

Il faut bien le rappeler pour ceux qui l'oublieraient. La science de l'homme, si étendue qu'elle soit, si ingénieuse dans ses applications, si heureuse dans quelques-uns de ses résultats, reste courte par bien des côtés. Il y a toujours des climats meurtriers, des éléments indomptés, des maladies incurables, et pas plus que jadis nul ne peut ajouter une coudée à sa taille. Dans l'ordre moral, le progrès est-il plus décisif? La question des inégalités sociales est-elle, je ne dis pas résolue, mais la solution en est-elle plus avancée depuis qu'on affecte de la chercher ailleurs que dans l'Evangile? C'est pourtant là que, entre cent autres vérités, j'y lis celles-ci : qu'il y aura toujours des pauvres sur la terre, et qu'il faut leur venir en aide comme à des frères et les aimer comme soi-même ; que l'homme ne vit pas seulement de pain, mais des paroles sorties de la bouche de Dieu; que les bienheureux ne sont pas ceux que le monde pense; que la porte du ciel est étroite, que le chemin qui y conduit est dur ; que le disciple doit porter sa croix comme le maître ; qu'il y a des calices amers à vider et que celui-là seul sera couronné qui aura légitimement combattu.

O les salutaires vérités ! et comme le livre qui les contient doit primer tous les autres ! Il me semble, mes Frères, qui si saint Fursy revenait en ce monde à cette heure, il vous dirait à vous les descendants de ceux qu'il a évangélisés : « Lisez et relisez la vie de Notre-Seigneur Jésus-Christ; c'est le livre des livres, la bible du salut. J'en ai fait mes délices, faites-en les vôtres. » Et il vous parlerait avec ce talent admirable pour persuader le bien et gagner les cœurs les plus rebelles, talent que ses biographes se sont plu à lui reconnaître et qui s'est transmis jusqu'aux pasteurs actuels de vos âmes.

Il est un autre conseil qu'il aimerait à vous donner : celui d'entretenir en vous l'esprit chrétien dont nous constatons autour de nous l'affaiblissement et la somnolence.

Vous savez, mes Frères, de quels éléments se compose l'esprit chrétien. Il est fait d'obéissance à la loi divine et à ses interprètes, de charité et d'abnégation. Il s'alimente par la prière, par la fréquentation des sacrements, et se fortifie par ce travail de stratégie intérieure qui consiste à acquérir les vertus et à vaincre les passions, en un mot, à assujettir la nature à la grâce.

Donc, en matière de foi, nous croirons tout ce que l'infaillible Pontife romain nous propose à croire, et, nous fiant à sa parole comme à la parole même de Dieu, nous nous garderons de glisser au doute volontaire, aux opinions flottantes, aux condescendances pour ce prétendu large esprit du XIXe siècle qui, à l'entendre, ne peut tenir dans les formules étroites du symbole catholique. Comme si la parole de Dieu pouvait être mise en lambeaux, comme si elle n'était pas assez large, assez compréhensive pour que les esprits de tous les temps puissent y tenir et s'y mouvoir à l'aise ! Ah ! s'écriait naguère un éloquent dominicain (1), indigné de cette accusation d'étroitesse, savez-vous ce qui est petit, ce qui est étroit, c'est ce que vous appelez, par opposition à l'ordre social chrétien qui est l'ordre rationnel véritable, le *droit nouveau*, qui a secoué le joug de

(1) P. Vincent de Pascal. *Conférences.*

Dieu et proscrit le droit de l'Eglise. Or, jugez l'arbre à ses fruits. Ces nouveaux principes, il faut bien le reconnaître, n'ont pu communiquer vingt ans de vie aux différents régimes qui, depuis près de cent ans, en ont fait l'âme et la règle de leur existence politique. Le monde que vous avez bâti avec l'épée des Césars, avec l'outil des sophistes et avec la langue des rhéteurs, croule sur vos têtes, foudroyé d'en haut, miné par en bas, et vous nous dites avec je ne sais quelle pitié dédaigneuse : Sortez du temple misérable de votre foi ! Vraiment vous avez bien choisi votre heure ! Dieu, pour faire justice à sa vérité et à son Eglise, n'a eu qu'à vous lâcher la bride et à vous laisser aller. Les choses immenses que vous avez ébranlées retombent sur vous et vous écrasent. « Vous êtes broyés sous leur poids », dirai-je avec le prophète, « comme un amas de paille que l'on foule dans une eau fangeuse. Vous étendez vos mains dans cette fange, comme le naufragé les étend pour nager, et Dieu humilie votre orgueil et tous les efforts de vos bras » (1).

« Nous, chrétiens, nous avons une cité forte ; un salut assuré dans ses murs et ses avant-murs. Confiez-vous en Jéhova pour l'éternité, car Jéhova est le rocher des siècles » (2). Mes bien aimés Frères, gardez toujours votre foi dans sa virginale intégrité. Au milieu des ombres qui s'épaississent ne laissez pas s'éteindre la lumière divine que le baptême a allumée dans vos cœurs. Un jour, bientôt peut-être, le monde, à bout de voies, ayant appris par une douloureuse expérience, à quels abîmes conduit la sagesse séparée de Dieu, demandera à la foi des chrétiens de marcher devant ses pas et de le guider dans les sentiers de la vérité et de la justice.

Quoiqu'il advienne, à la fermeté des croyances ajoutons l'intré-

(1) Isaie. *Traduction Le Hir*.
(2) Idem.

pidité des œuvres : œuvres de la charité qui voit dans autrui, ami ou ennemi, un frère et le traite comme tel ; œuvres de l'abnégation, du renoncement et du sacrifice, bases nécessaires de la sanctification ; œuvres de la prière, prière quotidienne privée, prière dominicale publique. Chacun dans notre sphère et dans les limites de notre influence, maintenons ou restaurons cet esprit chrétien qui fait les nations prospères et donne à ceux qui en sont animés des gages d'éternelle béatitude. Cherchez une force plus capable que l'esprit chrétien de conserver aux âmes leur indépendance et leur dignité. Aussi longtemps que vous ne l'aurez pas trouvée, nous garderons nos plus vigilantes méfiances envers ces docteurs du jour dont le moindre défaut est l'ingratitude, car ils méconnaissent pour la plupart le sein qui les a nourris.

A cette heure surtout où « l'immense conspiration ourdie contre la jeunesse de France étend plus que jamais ses ravages » (1), où le laïcisme rationaliste prétend former à sa mobile image les âmes créées à l'image de Dieu, nous veillerons de près à l'enseignement donné à nos enfants. Entre deux écoles nous n'hésiterons pas à choisir la plus chrétienne. Je touche là une question brûlante, je le sais, mais quand il y va du péril des âmes, le devoir du plus humble légionnaire est de jeter, comme ses chefs, le cri d'alarme. Il est sorti ce cri d'alarme du cœur de Léon XIII et je ne suis que le trop faible écho de cette grande voix d'appel, de cette haute doctrine qui luit comme un flambeau dans nos jours obscurcis. Ah ! quel sillon lumineux elle tracerait parmi les inconstantes opinions humaines, si on daignait la recevoir plus docilement ! Que de leçons elle nous donne si nous les voulions entendre !

Hélas ! nos préjugés nous la font croire exclusive quand elle est

(1) Mgr Thomas. *Lettre pastorale.*

au contraire si juste, si sage, si libérale. Car enfin, mes Frères, l'Eglise est plus tolérante que ses adversaires. Elle ne regarde, elle, ni à la forme ni à la couleur du vêtement ; elle ne prétend point monopoliser l'honnêteté, le dévoûment et la science : mais, je vous le demande, peut-elle voir sans tristesse la funeste dissociation des croyances et de l'instruction publique ? Non, sa traditionnelle sollicitude pour l'enfance, la mission de salut qui est sa raison d'être lui ordonnaient d'élever la voix. Elle l'a fait et ne cesse de répéter aux familles chrétiennes et à quiconque a charge d'âmes : choisissez les meilleurs maîtres, et les meilleurs sont ceux qui unissent non seulement dans le secret de la conscience, mais ouvertement, dans leurs paroles et leurs actes, l'amour de Dieu et l'amour de la France.

Mes Frères, j'ai éprouvé une joie particulière à évoquer devant vous les gloires du passé si bien personnifiées en celui qui est resté parmi vous l'objet d'un culte fervent. L'on aime à rencontrer des âmes qui ont gardé le respect des ancêtres et qui ne parlent pas de la vieille France avec le sourire du dédain, mais avec l'émotion attendrie de fils qui voient passer dans leurs souvenirs d'enfance la figure vénérable d'une aïeule. Ce spectacle devient rare, en ce temps où historiens et journalistes tournent en dérision les hommes et les choses d'autrefois, rabaissent nos grandeurs anciennes, et où ils peuvent se livrer à cette besogne sans soulever autour de leur nom la réprobation générale et sans que l'indignation publique fasse justice de leur œuvre sacrilège. Que dis-je ? C'est à eux que vont les faveurs de la popularité (1).

Pour vous, mes Frères, que l'ardeur de vos sentiments chrétiens et patriotiques se perpétue sans éclipse et sans défaillance. Ne

(1) M. Ed. Biré, *Correspondant*.

fléchissez pas plus aujourd'hui devant l'incrédulité que n'ont fléchi vos pères, il y a trois cents ans, devant l'hérésie.

Illustre cité péronnaise, sois toujours fidèle à ta fière devise et que rien ne vainque ta générosité. Renouvelle en ce moment à ton cher apôtre et bien-aimé père saint Fursy l'hommage douze fois séculaire de l'admiration et de la louange. *Laudemus viros gloriosos.* Oui, honneur à ces hommes d'élite qui ont servi de guides à leurs contemporains et, l'Evangile à la main, sur les lèvres et dans le cœur, les ont affermis dans la foi et l'esprit chrétien par la vertu de leurs prières, la sagesse de leurs paroles et l'éclat de leurs œuvres ! Honneur à ce doux et vaillant Irlandais, à ce fils de rois qui, voulant se faire le serviteur de tous, quitta les palais d'Hibernie pour les chaumières du Mont-des-Cygnes, le sceptre d'or pour la crosse de bois, et laissa chez les pères et chez les enfants une mémoire à jamais bénie. Que ses saintes reliques, ton trésor le plus précieux, demeurent l'objet de tes constants hommages. Dans les heures difficiles viens leur demander secours : tu emporteras du baiser de la vénération le courage des grandes luttes et l'espoir de l'éternel triomphe. *Amen.*

Péronne. — Imp. Lith. CRÉTY, Grande Place, 24.

IMPRIMERIE LUD. CRÉTY, A PÉRONNE.